Mark Sarg

„Vernaschen Sie sich!“

Mark Sarg

„Vernaschen Sie sich!“

Bizarre Kurzgeschichten

Goldene Rakete Verlag für Belletristik

Imprint

Cover image: www.ingimage.com

Publisher:
Goldene Rakete Verlag für Belletristik
is a trademark of
International Book Market Service Ltd., member of OmniScriptum Publishing Group
17 Meldrum Street, Beau Bassin 71504, Mauritius
Printed at: see last page
ISBN: 978-620-0-51942-9

INHALTSVERZEICHNIS

DER PAPST IM SCHLANGENKÄFIG

Von Anbeginn fühlte sich Papst Federbein der Behände im Vatikan wie in einem goldenen Käfig, umgeben von lauter „Schlangen“ – wie er die Kardinäle liebevoll titulierte.

Folglich sah er seine Aufgabe vorrangig als „Schlangenbeschwörer“, um überhaupt darin zu überleben. Während die restliche Zeit naturgemäß für die nicht minder anspruchsvolle Beschwörung ***Luzifers*** draufging.

Sodass sich die übrige Welt damit begnügen musste, ihm zu huldigen und – als auserwählte Audienzbesucher – Hände und Füße zu lecken.

Wer allen Ernstes ***mehr*** erwartet hatte, war wirklich ***selber*** schuld!

DER PAPST ALS LINDWURM

Da bekanntermaßen ***sämtliche*** Kreaturen göttlicher Natur sind, überlegte sich Papst Sorgenfein der Bedachte schon zu Lebzeiten sehr genau, in welcher Gestalt er wohl am besten dereinst in den Himmel reise.

Und entschied sich als leidenschaftlicher Anhänger der Fabelliteratur für den Lindwurm.

Womit seine Chancen, ***ohne*** weitere „Vorarbeiten", ***sogleich*** Einlass zu finden, weitaus ***besser*** standen, als bei jenen zahlreichen Amtsbrüdern, die dort energisch als „Heilige Väter" anpochten – nur weil sie auf ***Erden*** so apostrophiert worden waren …

DAS GESICHT AUS DEM SPIEGEL ODER DIE VERJÜNGUNGSDIÄT

Zu ihrem Leidwesen blickte Madame Lydia Streuobst auch aus dem ***neuesten*** Spiegel immer noch ihr allzu vertrautes, ***altes*** Gesicht entgegen – obwohl sie doch seit Monaten eine energische „Verjüngungsdiät“ absolvierte.

Empört zerschlug sie ihn ebenso wie seine Vorgänger. „Sind heute ***allesamt*** nichts mehr wert!“, zürnte sie – und entschloss sich, künftig nur noch ihren ***inneren*** Spiegel zu Rate zu ziehen.

Womit sie nun in der Tat um vieles ***besser*** beraten war! Und zwar mit oder ohne Diät …

DIE STEINERNE BOTSCHAFT

Lord Arthur Jungzwirn stieß sich überaus ***heftig*** an einem Stein – und erkannte darin die Botschaft, er möge doch ***vorsichtiger*** sein!

„VERNASCHEN SIE SICH!“

„Vernaschen Sie sich am besten ausschließlich selbst. Dies ist in jedem Falle kostengünstiger und nachhaltiger!“

Dem Rate seines Arztes Dr. Voltaire Wattefuß folgte Monsieur Clairville Seifenkuss nachgerade mit ***Enthusiasmus*** – blieb sich aber leider selber im Magen liegen.

Worauf er ihn erneut aufsuchte und um Hilfe bat.

Da vernaschte ihn der ***Doktor*** – und jetzt erst war er geheilt und zufrieden.

„VERNASCHEN SIE SICH NICHT!“

„Vernaschen Sie sich nicht selber, denn das könnte Ihr Ende sein!“

Ohnehin vom Wunsche beseelt, endlich hinüber zu gelangen, gedachte Amtsrat Nimmerlein Dreischwein gleich das Angenehme mit dem Nützlichen zu verbinden.

Und blühte richtiggehend ***auf*** hinterher …

„VERNASCHEN SIE MICH!“

„Vernaschen Sie mich ruhig, ich ***beiße*** nicht!“, ermunterte Lady Amanda Schwefelgruß den offenbar ein wenig unschlüssigen Mr. Adelphi Einbein.

Da sie aber leider auch kein Gebiss mehr ***hatte***, verzichtete der leidenschaftliche Zahnfetischist lieber großzügigst.

„VERNASCHEN SIE MICH NICHT!“

„Vernaschen Sie mich nicht, mein Herr!“, verbat sich der etwas spröde und unnahbare Baron Graystone Dorfschwan, als Sir Ambrose Greenschlauch im Museum versehentlich an ihm anstreifte.

„Was fällt Ihnen ein, nicht mal im ***Traume*** würde ich auf eine solch aberwitzige Idee verfallen!“, entrüstete er sich und rauschte schleunigst davon.

„Eigentlich schade!“, besann sich da der Baron plötzlich – und eilte ihm nach …

DER PAPST ALS CASANOVA

Nur weil er die Nonnen eines unweit gelegenen Klosters regelmäßig in Privataudienz empfing, war Papst Altzwirn der Genügsame bald als „Casanova“ verschrien.

Und dabei fand er sie mindestens so unausstehlich wie sie ihn. Er wurde von ihnen lediglich als permanenter ***Streitschlichter*** in Anspruch genommen.

Aber gegen Rufschädigung ist eben kein heiliges Kraut gewachsen …

DER PAPST ALS KÜCHENWANZE

„Ewig die ***gleiche*** Leier!“,
stöhnte Papst Honigmeier,
„Sooft ich nachts durch die Küche strawanze,
fühle ich mich unerwünscht wie eine ***Wanze***!“

Folglich beschloss er, diesen Ort forthin striktest zu meiden –
und sich lieber am Frischfleisch des ***Scheiterhaufens*** zu weiden.

DER PAPST ALS KÜCHENSCHABE

In den letzten Leben erst stolzer Rabe,
dann früh verschieden als Edelknabe,
fürchtete nunmehr Papst Regenschwabe
den weiteren Abstieg zur ***Küchenschabe***.

Inständig flehte er daher um Gottes Kraft,
dass er es ***einmal*** noch zum ***Raben*** schafft!

DIE HEILIGE ZIMTSCHNECKE

„Wie geht es unserer verehrten Zimtschnecke?“
– „Sie mag es nicht, dass man sie derart necke!“

Von den Vertrautesten scherzhaft so genannt,
weil er in ***Liebe*** für jenes Backwerk entbrannt,
ließ Papst Cleo diese Anrede nur durchgehen –
wenn sie strikt mit dem Prädikat ***heilig*** versehen!

DER GELEHRTE SARG

Ein Sarg hatte einen Lehrstuhl an der Sorbonne inne, um die Studierenden auf den späteren Umgang mit seinesgleichen vorzubereiten.

Da er bis dato der ***Einzige*** in dieser Disziplin bleiben sollte, war er zwar seinerzeit hochangesehen – aber die Anwärter auf den Friedhöfen wissen leider bis heute nicht, wie sie sich am ***geeignetsten*** in ihrem neuen Quartier zu verhalten haben.

Und das Schlimmste dabei: Es ist ihnen obendrein auch noch ***schnurzegal***!

DER FLOTTE SARG

Ein Sarg war so flott, dass er immer dann, wenn eine „Auserwählte" bei ihm einziehen wollte, im Nu auf Nimmerwiedersehen verschwunden war.

Er hatte einfach nicht die geringste Lust, sein Leben mit einer Leiche zu verplempern.

Könnte ihm dies jemand ernsthaft verdenken?

DIE UNSTERBLICHE LEICHE

Konnte sie schon zu Lebzeiten nicht unsterblich sein, so gedachte Mrs. Rosalind Salzsack dies wenigstens als ***Leiche*** zu werden – denn da war es ihr ja wirklich nicht mehr möglich zu sterben.

Dass solches freilich auch auf alle ***anderen*** zutrifft, war ihr schon klar dabei.

Aber sie hatte es als Erste ***ausgesprochen*** und sich allein dadurch unsterblich gemacht!

DER NEUROSENMANAGER

Bestens vertraut und geschult mit seinen eigenen Neurosen,
schenkte sich Blumenfreund Dr. Salzlaus stets ***neue*** Rosen,
wenn er zu saftigem Honorar die Störungen ***anderer*** behandelt
und dabei höchst gewandt auf gefährlichem ***Glatteis*** gewandelt …

DIE KREATIVE EULE

Eine Eule war so kreativ, dass sie es im nächsten Leben sogar zum ***Papst*** schaffte.

„Eigentlich ***verpufft*** hier meine Kreativität vollständig!“, stellte sie dann freilich ernüchtert fest – und bereitete mit den letzten Resten noch rasch eine Existenz als Suppenhähnchen vor.

Um sich danach endlich wieder im „Aufwärtstrend“ zu bewegen …

DER SCHWARZE DRACHEN

Ein gebieterischer schwarzer Drachen
drohte jedem gleich mit seinem ***Rachen***,
damit ihn nur ***ja*** keiner sollte verlachen
oder sonst wie seinen Groll entfachen.

Und wer sich nicht vor ihm verneigte,
sondern ihm gar das Hinterteil zeigte –
der sich komplett sein ***Leben*** vergeigte!

WISSENSCHAFT UND RELIGION

„Wissenschaft und Religion haben sehr viel gemein. In ***beider*** Namen wurden und ***werden*** unvorstellbare Gräuel an Lebewesen verübt.

Wenn auch die Wissenschaft ganz allgemein ein wenig lernfähiger erscheint, gibt es leider aber gerade hier bis heute unzählige, mit Preisen überhäufte „Gelehrte", die allen Ernstes glauben, durch Sezieren toter oder barbarische Tortur lebender Kreaturen dem Geheimnis der Schöpfung und von ***Unversehrtheit*** auf die Spur zu kommen.

Dass bei einer solchen Betrachtungsweise immer ***mehr*** Krankheiten bzw. für jede „ausgerottete" eine ***neue*** entsteht, vermag wahrlich nicht zu wundern. Wobei die Herrschaften trotz ihres offenkundigen ständigen Irrens jede jüngste „Erkenntnis" sogleich zur ***absoluten Wahrheit*** ausrufen – ganz so, als ob es Derartiges auf Erden überhaupt gäbe.

Und jene spärlichen Mutigen, die es wagen, eine der wenigen ***wirklichen*** Wahrheiten auszusprechen – dass nämlich der ***Geist den Körper schafft*** und keinesfalls umgekehrt –, werden erbarmungslos als bedauernswerte und gefährliche Psychopathen oder Hexer verteufelt!"

Dem „Eigenmediziner" Mercutio Sonnenhirn sollte man schleunigst die ***Ehrendoktorwürde*** in Oxford verleihen …

DER PAPST ALS EIERLIKÖR

„Sooft ich nur seinen holden Namen hör,
schmacht ich schon nach dem Eierlikör!“,
seufzte immer aufs Neue Papst Winterstör.

„Diese unheilvolle Liebe ***muss*** endlich ein Ende haben.
Im nächsten Leben werd‘ ich mich ***selber*** als er laben!“

DER PAPST ALS STACHELDRAHT

Eisern wie ein Stacheldraht gedachte Papst Sorgenbein II. die Christenheit vor Satan abzuschirmen – was ihm freilich auch nicht annähernd gelang.

Schaffte er es doch – mangels Erkenntnis – nicht einmal, sie vor seiner ***eigenen*** Person zu schützen …

DER PAPST ALS STACHELSCHWEIN

„Ich ganz allein als Stachelschwein –
das muss der Gipfel der Erfüllung sein!

Dann würde sogar ***Luzifer*** das Weite suchen
und meine Stacheln vor Furcht verfluchen!“

Aber so ***war*** es eben leider doch noch lange nicht.
Und da ***stand*** er auch schon wieder, dieser Wicht
und lächelte höhnisch dem Papst ins Angesicht!

DER NACHHALTIGE LEIBWÄCHTER

Lord Barney besaß einen ***Roboter*** als Leibwächter
und fuhr mit ihm nicht im ***Geringsten*** schlechter.

Denn der ging wahrlich ***niemals*** aus
und war eben rund um die Uhr im Haus.

Nur seinen Tod freilich konnte auch ***er*** nicht verhindern –
doch dies soll seine Verdienste nun ***keineswegs*** mindern!

„KASTRIEREN SIE SICH!“ ODER

DIE RAFFINIERTE DOPPELSTRATEGIE

„Kastrieren Sie sich, damit Sie ***einzigartig*** bleiben und nicht Teile von sich an Ihre Nachkommen vererben! Und so nebenbei tragen Sie dergestalt auch dazu bei, dass die Welt allmählich immer ***friedlicher*** wird!“

Durch diese „raffinierte Doppelstrategie“ hoffte der anerkannte Oxforder Biologieprofessor Schani Witworth mit seinem „Aufruf an alle Fruchtbaren des Planeten“ in den führenden internationalen Medien auf möglichst ***breite*** Resonanz zu stoßen.

Doch wie kaum anders zu erwarten, zeitigte sein Appell keineswegs das gewünschte Resultat.

Ganz im Gegenteil …

DIE SELBSTDISZIPLIN

In der hohen Kunst, sich eisern selbst zu disziplinieren,
brauchte sich Lord Austin ganz gewiss nicht zu genieren.

Denn immer ***virtuoser*** ward er, und man ***glaubt*** es nicht
– er schlug sich jedes Mal noch ***liebevoller*** ins Gesicht!

„MISSBRAUCHEN SIE MICH!“

„Missbrauchen Sie mich, mein Engel!“, wandte sich flehentlich Monsieur Fidèle Dreigott an Gattin Sandrine – worauf sie ihm eine schallende Ohrfeige verpasste.

„Ich kann dieses Unwort nicht mehr ***hören***! Wenn Sie es noch ***einmal*** in meiner Gegenwart aussprechen, missbrauche ich Sie ***wirklich*** – aber so ***nachhaltig***, dass Sie es hinterher gar nicht mehr wissen!!“

„MISSBRAUCHEN SIE MICH NICHT!“

„***Missbrauchen*** Sie mich nicht für Ihre tendenziösen und verwerflichen Ziele!“, verbat sich energisch Herr Silvano Sarghecht den Eintritt einer hochrangigen Regierungskommission, die mit gierigen Mienen vor seiner Tür stand, um ihn feierlich zu befragen, ob nicht auch ***er*** als Kind missbraucht worden sei.

Unbeeindruckt zogen die Herrschaften daraufhin zur nächsten Wohnung weiter – im siegessicheren Bewusstsein, dass Hartnäckigkeit fast ***immer*** zum Ziel führt …

„MISSBRAUCHEN SIE SICH!“

„Missbrauchen Sie sich am besten vorsorglich selbst – damit man ***einmal*** wenigstens ***nicht*** behaupten kann, es hätte jemand ***anderer*** getan!“, riet Pädagoge Ernesto Schwingfuß allen „potentiellen Opfern“.

Fast wäre man geneigt, ihm zuzustimmen …

MISSBRAUCHEN SIE SICH NICHT!“

„Missbrauchen Sie sich nicht selber, indem Sie das unsagbar dämliche Geschwätz und Gekeife der Medien wie auch der Öffentlichkeit permanent über sich ergehen lassen! ***Achten*** Sie stattdessen auf Ihre geistige Gesundheit und Hygiene – damit es zumindest ***ein*** „Opfer“ weniger gibt!“

Viele, die dies vermutlich ***partout*** nicht wollen, könnten sich ein ***Beispiel*** nehmen an Psychiater Dr. Ferramondo Wattekuss …

DER ABSCHIEDSKRANZ

Zum Abschied schenkte Margit Edelpflanz
ihrem heiß und innig geliebten Gatten Franz
einen wirklich wunderschönen großen Kranz.

Dass er durch ihr eigenes Tun auf den Friedhof gelangt war,
bestätigte nur ihre mitreißenden, immensen Gefühle sogar!

DAS ABSCHIEDSKRÄNZCHEN

Bei ihrem feierlichen Abschiedskränzchen
reichten sich drei Damen schicke Kränzchen.

Sie hatten gemeinsam den Freitod beschlossen,
weil ihre Ehegatten sich ***vor*** ihnen erschossen!

DER PAPST ALS KAMEL

Dieses alte Kamel solle endlich einmal in Würde abtreten, hörte Papst Schmunzelsack der Bewährte einige Bischöfe und Kardinäle im Hintergrund raunen.

Zur Wiedergutmachung ***bestand*** er nun darauf, dass sie ihn der Reihe nach ***ritten*** – damit ihre Aussage wenigstens zum Teil wahr würde.

Anschließend freilich begehrte ***keiner*** von ihnen seinen Rücktritt mehr – ganz im Gegenteil …

DER PAPST ALS HÜHNERFUTTER

Stets ein ***Meister*** in politischer ***Un***korrektheit, liebt es Satan, die Christen als „Hühner" zu kategorisieren – ohne natürlich auch nur im Geringsten bedenken zu wollen, welch bitteres ***Unrecht*** er damit jenen graziösen und anmutigen Tieren angedeihen lässt!

Und dass er den jeweiligen Papst dann auch als „Hühner***futter***" bezeichnet – ist sicherlich nur folgerichtig …

DER PAPST ALS PIRAT

So manch einer der Päpste als Pirat?
Dies ***trifft*** es doch eigentlich akkurat.

Behält man freilich im Auge immer –
dass ***deren*** Gräuel noch viel ***schlimmer***!

DER PAPST ALS FORELLE

Als majestätische Forelle im göttlichen Strom zu schwimmen – wünschte sich der leidenschaftliche Fischliebhaber Papst Steifbein III. sehnlichst.

Doch bis es so weit war, musste er sich offenbar zur Läuterung noch als päpstlicher Wurm durch die irdische ***Kloake*** schlängeln …

DER PAPST ALS KASKADEUR

„Was bin ich denn bloß nur für ein ***Kaskadeur***,
dass ich dem Allmächtigen ewige Treue schwör,
um dann in meinem Amte ständig zu riskieren,
mich in den Schlund ***Satans*** zu katapultieren!“

So viel mutige und anerkennenswerte Einsicht zu lukrieren –
dafür brauchte sich Papst Emu ganz gewiss nicht zu genieren!

DER VERMALEDEITE GONG

Ein Gong hatte die vermaledeite Angewohnheit, sich immer dann selbsttätig zu schlagen, wenn Mrs. Muriel Mausgott gerade am Einschlafen war. Leider brachte sie es jedoch nicht übers Herz, sich vom Erbstück ihres Lieblingsonkels Sir Gaveston Moorrauch zu trennen.

Als er ihr aber endlich den Grund für sein merkwürdiges Verhalten erläutert hatte – dass er nämlich ihren Onkel nicht am ***Ent***schlafen zu hindern vermochte und daher jetzt um ***ihr*** Wohlergehen panisch besorgt sei –, bat sie ihn gerührt um Vergebung und nahm ihn fortan als „Aufpasser" an Mannes statt mit ins Bett.

Dass freilich der nun ***heißgeliebte*** Gong letztlich auch ***ihren*** „großen Schlaf" nicht vermeiden konnte, sah sie ihm dann selbstverständlich gnädig nach.

DER PAPST ALS HUTSCHPFERD

„Wenn ihr mich für euer altes Hutschpferd haltet,
auf dem ihr nach Belieben schaltet und waltet,
könnt ihr diesen Traum ganz schnell begraben.
Da müsst ihr ***früher*** aufstehen, wie die ***Raben***!“

Über die Kardinäle zutiefst empört und beleidigt,
hat Papst Schemelreiter ***keinen*** mehr vereidigt!

DIE GRUFTPARTY

Immer auf der Suche nach neuen und unverbrauchten „Locations“, konnte es natürlich nicht ausbleiben, dass die Partyszene bald auch eine geräumige Gruft auf dem Städtischen Friedhof entdeckte.

Doch hatte sie die Rechnung ohne die „Wirtin“ gemacht. Die Doyenne der regulären Insassen, Gräfin Eusebia Wühlwurm, bestand darauf, ihre Erlaubnis bloß unter der Auflage zu erteilen, dass sie als „Partygirl“ umhergereicht werde. Um seine vorauseilende Werbung nicht zu gefährden, willigte der Betreiber schließlich ein.

Aber nun geschah das Unfassbare: Ein Teilnehmer mit ausgeprägter romantischer Ader, Sir Archibald Springlaus, ***verliebte*** sich unsterblich in die Gräfin – und versprach ihr, alles zu tun, um möglichst rasch als „Dauergast“ bei ihr einziehen zu können, wenn sie ihm nur einen Platz reserviere.

Selbst auf Partys sprießen eben manchmal äußerst ***fruchtbare*** Beziehungen …

DIE THEATERLEICHEN

Zum Zeitvertreib bewarben sich einige Leichen im Stadttheater – und um Gagen zu sparen, engagierte man sie für kleinere Rollen.

Doch waren sie bald so erfolgreich, dass sie allmählich sogar die Hauptdarsteller verdrängten – sodass sich diese in aller Form bei der Schauspielergewerkschaft beschwerten, worauf die unliebsamen Konkurrenten mit einem kompletten Auftrittsverbot belegt wurden.

Seither dürfen auf Bühnen selbst ***Tote*** nur mehr von ***Lebenden*** gemimt werden!

Wer wundert sich da noch über die Monotonie der Spielpläne …

DER PAPST ALS NACHTFALTER

Als Falter durch die Nächte rauschen
und der himmlischen Stille lauschen.

Dies wäre Papst Lydius wohl kaum vergönnt gewesen,
obwohl es derart ***innewohnend*** seinem ganzen Wesen.

Und so gedachte er sich ein solches Leben
in jedem Falle noch für ***später*** aufzuheben!

DER PAPST ALS NACHTHEMD (2)

Obwohl der Teufel vorzugsweise ***nackt*** schläft, konnte er doch nicht widerstehen, nach dem Empfang von Papst Schlammsack dem Überwältigenden eine Ausnahme zu machen.

Er schlüpfte in ihn hinein – um endlich einmal zu erfahren, wie es sich in einem „***heiligen*** Nachthemd" anfühlt.

Der Überlieferung zufolge dürfte ihm allerdings ***eine*** Nacht ***mehr*** als gereicht haben …

Printed by Books on Demand GmbH, Norderstedt / Germany